Anne Ducrocq

Caderno de exercícios para

acolher o Divino que habita em você

Ilustrações de Jean Augagneur

Tradução de Idalina Lopes

 EDITORA VOZES

CB053298

Petrópolis

© Éditions Jouvence S.A., 2016
Route de Florissant, 97
CH-1206 Genève
http://www.editions-jouvence.com
info@editions-jouvence.com

Tradução do original em francês
intitulado *Petit cahier d'exercices pour
accueillir le divin en soi.*

Direitos de publicação em língua
portuguesa — Brasil:
2025, Editora Vozes Ltda.
Rua Frei Luís, 100
25689-900 — Petrópolis, RJ
www.vozes.com.br
Brasil

Conselho Editorial
Diretor
Volney J. Berkenbrock

Editores
Aline dos Santos Carneiro
Edrian Josué Pasini
Marilac Loraine Oleniki
Welder Lancieri Marchini

Conselheiros
Elói Dionísio Piva
Francisco Morás
Teobaldo Heidemann
Thiago Alexandre Hayakawa

Secretário executivo
Leonardo A.R.T. dos Santos

Produção editorial
Aline L.R. de Barros
Anna Catharina Miranda
Eric Parrot
Jailson Scota
Marcelo Telles
Mirela de Oliveira
Natália França
Priscilla A.F. Alves
Rafael de Oliveira
Samuel Rezende
Verônica M. Guedes

Editoração: Piero Kanaan
Diagramação: Sheilandre Desenv. Gráfico
Revisão gráfica: Alessandra Karl
Capa: Editora Vozes

ISBN 978-85-326-7024-3 (Brasil)
ISBN 978-2-88911-771-0 (Suíça)

Este livro foi composto e impresso pela
Editora Vozes Ltda.

Dados Internacionais de Catalogação na Publicação (CIP)
(Câmara Brasileira do Livro, SP, Brasil)

Ducrocq, Anne
    Caderno de exercícios para acolher o Divino que habita em você / Anne
Ducrocq ; ilustrações de Jean Augagneur ; tradução de Idalina Lopes.—
Petrópolis, RJ : Vozes, 2025.— (Coleção Praticando o Bem-estar)
    Título original: Petit Cahier d'exercices pour accueillir le divin en soi.

    ISBN 978-85-326-7024-3

1. Acolhimento 2. Autoconhecimento 3. Deus 4. Vida espiritual
I. Augagneur, Jean. II. Título. III. Série.

24-246406
        CDD-200.19

Índices para catálogo sistemático:
1. Psicologia e espiritualidade   200.19

Eliete Marques da Silva — Bibliotecária — CRB-8/9380

A todas as pessoas que se exercitaram,
se exercitam e se exercitarão para amar...
São elas que colorem e mudam o mundo.

OBRIGADA
POR ESSA
OBSERVAÇÃO.

"O paraíso não está na terra,
mas há pedaços dele por aqui."

Jules Renard

Há algo de imperecível em nós. *Nós o sentimos.*

Somos matéria e espírito, até a ciência sabe disso. Então

procuramos o Divino na terra, a Vida com "V" maiúsculo.

Temos essa intuição. Temos essa loucura.

3

Sempre imaginamos que o Divino está longe, nos monastérios, ou no céu.

Podemos, no entanto, encontrá-lo:

➡ Ao olhar as ondas se quebrando na areia;

➡ Ao contemplar a luz da noite num velho regador do jardim ou no rosto de um amigo que ri sem parar;

➡ Ao desembarcar de manhãzinha no porto de uma ilha grega ainda adormecida;

➡ Ao acariciar a nuca de sua(seu) namorada(o);

➡ Ao abrir os olhos depois de uma cirurgia importante;

➡ Ao beber um ótimo vinho com um amigo na varanda;

➡ Ao empurrar lentamente a porta de uma capela...

INTRODUÇÃO
A bela, a tão bela imperfeição humana...

O caminho espiritual é uma prática. Nada mais. Não há nada a aprender, nada em que acreditar. Simplesmente experiências a serem feitas. Todos podem praticar, seguindo seu próprio caminho. Somos todos perfectíveis e todos iniciantes. Ser iniciante, que boa notícia, que alívio!
Sim, a todo instante, tudo começa, tudo recomeça.

Ao nascer, somos germes de homens e de mulheres, ainda não nascemos. Graças à nossa espiritualidade, podemos renascer uma segunda vez, inspirados por esse "altíssimo" imperceptível. Temos toda uma vida para isso, uma vida para nos realizarmos, para nos tornarmos "vivos", seres de amor e de luz, contagiantes. Seres capazes de ver esse invisível por trás do visível, que chamamos de Divino.

Não se sente capaz? Como compreendo você! Mas para acolher o Divino, nesse instante, basta ser assim como você é. Não alguém diferente ou melhor. Essa perfeição que nós já somos sem conhecê-la e essa imperfeição que cura nosso orgulho são nossa argila. "A imperfeição é o cume", escreve o poeta Yves Bonnefoy. É preciso se deixar levar com confiança pela bondade da vida.

Frase para recopiar

Coloque sobre a geladeira, em cima de sua mesa, em sua mesa de cabeceira...:

Não estou nem atrasado(a) nem adiantado(a) em coisa alguma, estou simplesmente no meu caminho.

Nem todos temos a mesma sensação do Divino nem recebemos a mesma educação espiritual. Mas uma coisa é certa: o Divino não é uma ideia, ele se vivencia. Você já cruzou com ele tantas e tantas vezes...

Para você, o Divino é o quê? é quem?

- ❑ Uma pessoa?
- ❑ Um conceito?
- ❑ Uma forma geométrica perfeita?
- ❑ Uma energia de amor?
- ❑ Uma luz?
- ❑ Um sopro de vida?
- ❑ Um espírito?
- ❑ Um mistério?
- ❑ ...
- ❑ ...
- ❑ ...
- ❑ ...
- ❑ ...
- ❑ ...
- ❑ ...
- ❑ ...
- ❑ ...

Breve momento de introspecção

Que Divino seus familiares legaram para você?

As relações que nossos familiares mantêm com o sagrado vão colorir as nossas. Sua irmã mais velha é budista? Sua sogra foi criada na Índia às margens do Ganges? Sua irmã gêmea tornou-se freira? Seu tio preferido era um anarquista militante? Tantas convicções que marcam nosso caminho e interações, e que reaparecem nos momentos importantes da vida.

Que educação religiosa você recebeu? Lembra-se de uma cerimônia sagrada marcante (o batismo ou a circuncisão de uma criança da família, um casamento misto, um ritual no exterior...). Algumas palavras espirituais ouvidas durante um determinado evento que ficaram enraizadas em você? Um momento radiante que ressurge na memória? Uma experiência espiritual que nunca contou a ninguém? Confie alguns desses momentos privilegiados a este caderno.

Anote os grandes (ou pequenos) encontros com o Divino de que se lembra desde sua infância até hoje. Você vai perceber que tem uma consciência espiritual já faz um bom tempo...

Tudo já está aí.

....

....

....

....

....

....

....

....

....

....

"A estrela divina é interior e invisível; ela ilumina a alma do viajante e não o caminho por onde ele anda; ela nos dá bastante fé para ir além de tudo, mas não dispensa nada."

Gustave Thibon, *L'ignorance étoilée* [A ignorância radiante], Fayard

PRIMEIRA PARTE
Preparar-se para acolher o Divino[1]

O Divino é uma presença. Podemos encontrá-la em nosso coração. Todas as tradições dizem: o Divino está em tudo e em todos. Deus está em toda parte. Infelizmente, nós é que estamos ausentes.

Estamos absorvidos por tantos pensamentos e problemas: digerir ou reparar o passado, correr por causa de um dia muito atarefado, temer ou esperar o futuro... O falató-

9

---

1. Que cada um o chame como desejar, Deus, a Luz, o Ser, o Si, a Vida...

rio interior do mental é incompatível com uma vida interior. Como acolher a divina presença nessa cacofonia? É preciso saber: não viveremos nenhum encontro se não prepararmos nosso coração, se não esvaziarmos nossa mente, se não nos preenchermos de nós mesmos.

Faça uma lista com todas as coisas que desde esta manhã incomodam você, sem ordem, sem censura. Escreva sem refletir, sem tirar a caneta do papel, coloque para fora tudo o que está dentro. Tome consciência da quantidade de pensamentos que você está abrigando, apesar de você.

....

....

....

....

....

Você acha que acabou? Errou. Sua cabeça ainda está cheia de pensamentos... Liste mais alguns deles...

....

....

....

....

....

Reconheça esses pensamentos pelo que eles são. Incorrigíveis tagarelas. Pensamentos bem humanos.

Deus não está no pensamento, Deus está quando nos calamos.

Feche os olhos por alguns minutos.
Respire tranquilamente.
Você não acha que a gente se ouve melhor no silêncio dos pensamentos?
Alguns segundos sem ser encoberto pelo mental.
Respire calmamente.
Este instante de silêncio, agora, é sua única chance de viver no presente.

Psiu!
Estou me ouvindo

E me ouço bem

11

"Esses raros instantes em que somos totalmente felizes."

Jules Renard, *Journal*

VAMOS! ABRA-SE

TOC TOC

1. Abra seu coração

O coração é a estrada real para aceder à vida. Infelizmente, na maioria das vezes a porta está só entreaberta, somos os campeões da proteção! Vamos bater delicadamente na porta de nosso coração endurecido e lhe enviar vibrações de abertura.

➥ Pratique o sorriso dos olhos

Deixe os olhos sorrirem. Um sorriso radiante, magnífico. Há uma energia fantástica no sorriso dos olhos, que sai da raiz do nariz, localizada entre os olhos, que relaxa o cérebro, a memória, mas também todo o rosto. Com esse simples relaxamento, já podemos acalmar todo o sistema nervoso. Esse sorriso deve ser feito sem esforço. Trata-se de convidá-lo interiormente, de deixá-lo vir e irradiar. Quando sentir que ele chegou, deixe-o se espalhar como uma chuva dourada a partir de seus olhos, e faça-o descer por todo o corpo.

➥ O arco-íris é um sinal de aliança entre o céu e a terra

Desenhe, primeiro com a mão esquerda e depois com a direita, a curva de um arco-íris visualizando interiormente (ou com lápis ou canetas) as cores. Isso solicita os dois hemisférios do cérebro e permite realizar física, psíquica e espiritualmente um gesto de abertura do coração.

➤ O círculo perfeito, *enso* em japonês

O sábio Graf Dürckheim conta, em Hara, centre vital de l'homme [Hara, **centro vital do homem**] (um livro imperdível), como ele assistiu, num mosteiro japonês, um mestre desenhar um círculo perfeito. "Com um movimento inimitável, pois estava tão calmo e fluido, o mestre pegou o pincel. Durante um instante, ele olhou o papel, com o olhar perdido no infinito. Depois pareceu se abrir mais e mais para o interior e esperar que a imagem que ele contemplava saísse livremente, como por si só".

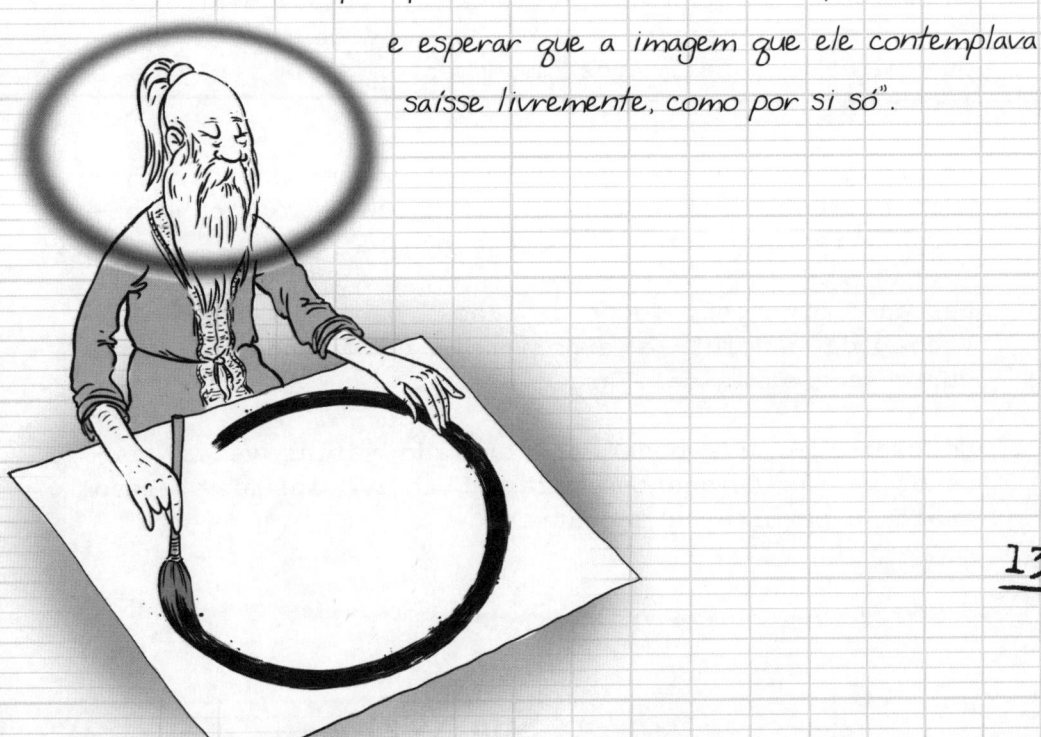

Sente-se diante de sua mesa e evite qualquer distração. Separe uma folha (os puristas optam por uma folha de papel de arroz), tinta nanquim e um pincel de cerdas macias (ou uma caneta de ponta porosa, se não tiver um pincel).

Comece com um breve momento de meditação, olhos fechados. Respire profundamente, relaxe. Instale-se no seu interior.

Quando estiver pronto, deixe os olhos semiabertos, para manter um olhar relaxado.

Mergulhe delicadamente o pincel na tinta nanquim, prestando atenção em cada um de seus gestos. Depois trace linhas sobre a página, lentamente, simplesmente para saborear as sensações ligadas a seus gestos, à tinta que marca o papel… Após um momento, vire a página e feche os olhos novamente.

Descanse. Em seguida, deixe os olhos semiabertos, inspire profundamente e então, num único gesto, na expiração, trace um círculo sobre a página.

Descanse o pincel, feche os olhos, saboreie o momento. Você pode concluir a experiência escrevendo um poema curto se assim o desejar.

Um exercício que pode ser retomado várias vezes, fazendo pausas frequentes para saborear o instante. Isso acalma e permite se recentrar.

Sua vez!

➡️ **Para algumas pessoas, o coração se abre com livros**

Tantos homens e mulheres nos precederam no caminho do Divino. Eles buscaram, fracassaram, persistiram, se transformaram e nos deixaram seus testemunhos escritos vibrantes de amor. Por que não os aproveitar? Todos nós temos em nossas bibliotecas textos que parecem vivos de tanto que nos tocam. Os Padres do Deserto, dos primeiros séculos do cristianismo, falam de textos "que aquecem o coração". Para uns será a poesia, para outros uma prece, uma passagem de romance sobre a amizade, um diário espiritual, uma correspondência...

Procure um texto que dilate seu coração e leia-o em voz alta, como no teatro. Copie-o abaixo. A escrita também é uma forma de meditação:

....

....

....

....

....

15

Eis, como proposta, esta frase da teóloga Lytta Basset, retirada de Aimer sans Dévorer [Amar sem devorar] (Albin Michel). Ela é tão perfeita que dá para saber de cor:

"Todos os dias, inspiramos o sopro de amor que somos capazes de suportar, assim como pegamos apenas a xícara de ar que podemos conter. [...] É nossa necessidade do momento. Outras virão. Um passo de cada vez. Pode parecer pouco. É o bastante".

Todos os textos de que você gosta são bem-vindos. Não pense que eles devem ser necessariamente espirituais. Um poema, uma passagem de um romance que você sublinhou, uma prece recortada de uma revista...

Faça uma lista de suas passagens preferidas, tire uma fotocópia e organize num caderno que pouco a pouco você vai enriquecer. Muito útil para consultar antes de rezar ou de meditar, principalmente nos dias em que temos a impressão de ter o coração seco! (É apenas uma impressão?).

16

Criar um caderno pessoal que aqueça seu coração é muito importante. Que tal começar agora mesmo?

BLEM

LEMBRE-SE DE
NÃO SE FECHAR

BLEM

BLEM

BLEM

➤ Ative um alarme

Dispersos e superatarefados, passamos os dias esquecendo que o Divino está aqui e preenche tudo. É bom ativar um sinal. A cada hora, ou, se for mais simples, em dois momentos importantes do dia, ative o alarme de seu relógio ou do telefone. Podemos associar um som de sino ou de gongo à campainha. Essa lembrança será o sinal dirigido à sua consciência de que é preciso parar um minuto.

Uma pausa para se lembrar de que há um tempo para tudo, e também para o Divino. Pois nosso coração, que para nós é tão difícil de abrir, se fecha muitas vezes bem rápido.

2. Criar o vazio: o bê-á-bá

O coração começou a vibrar. É bom então começar a se esvaziar de si. **Este caderno poderia ser praticamente só isso: se livrar do interesse doentio que temos por nós mesmos.**

E de fato, enquanto nossas preocupações, nossos projetos, nossos pensamentos invadem todo o espaço, ficamos finalmente num tête-à-tête com nós mesmos. Se nosso coração, nossa vida, nossa agenda estão cheios, ninguém pode entrar. O Divino não força nossas portas, ele só entra se lhe damos espaço.

A primeira coisa é, portanto, criar o vazio. É também a segunda, a terceira e a milésima coisa a ser feita. Talvez a única. Se descentrar de si, do que temos, do que fazemos, do que sabemos.

➡ Para criar o vazio, primeiro fisicamente, uma ferramenta maravilhosa está sempre ao alcance da mão: **sua respiração**, e mais especialmente a expiração. Aqui estão dois exercícios respiratórios para esvaziar o ar dos pulmões e expirar o mais profundamente possível.

1. Sopre/expire como num canudinho, muito lentamente. Até o fim do sopro. Uma maneira bem simples de esvaziar a caixa torácica. Convido você a praticá-lo.

2. A respiração-meditação de Thich Nhat Hanh[2]

Este exercício de respiração pode ser praticado em qualquer lugar, a qualquer hora e na postura que você quiser. Ao inspirar, pense "inspire", para ter uma consciência mais viva do ar que penetra no corpo.

Ao expirar, pense "expire", estando consciente do ar expulso do corpo. Essas palavras são guias, elas lembram de respirar no instante presente.

Repita: "inspire, expire", até que você observe que sua concentração se tornou tranquila e firme. Depois, pense "profundidade" durante a inspiração e "lentidão" durante a expiração. Respire vários minutos repetindo: "profundidade, lentidão", depois faça o mesmo com "calma, bem-estar" e "sorriso, apaziguamento". Por fim, termine o ciclo com "instante presente, instante maravilhoso".

Vamos tentar já?

Você sente uma grande paz, não é? Lembre-se de expirar longamente e de inspirar profundamente quando estiver tenso. Lembre-se também de fazê-lo antes de rezar.

Convide a calma para rezar com você. Escreva o que você sentiu:

....

....

19

---

2. Thich Nhat Hanh foi um mestre vietnamita do budismo zen. Ele viveu na França, onde ensinou o caminho da atenção plena.

➡ O gesto do infinito:

Porque somos maiores do que nossa pessoinha...

Desenhe um 8 deitado (símbolo do infinito) e com o dedo siga muito lentamente a trajetória desenhada durante alguns minutos. Esse pequeno gesto do dedo está longe de ser neutro: traçar o símbolo do infinito engendra um estado psíquico de concentração e de interiorização, e opera uma conexão entre os dois hemisférios do cérebro.

➡ E/ou faça o gesto com um braço, depois com o outro, diante de você;

➡ E/ou gire os olhos descrevendo um sinal do infinito o mais amplo possível;

➡ E/ou feche os olhos e imagine o símbolo.

Separe um tempo para tomar consciência do que você sentiu. Anote aqui para ter uma lembrança.

....
....
....
....
....
....
....
....
....
....

Exercício de sabedoria do corpo

Sinta o céu no topo de sua cabeça, a terra sob seus pés. Tome consciência de que está ancorado na terra, ligado ao centro da Terra; e ancorado no céu, ligado ao céu por um fio dourado. Respire naturalmente durante um momento, depois sinta fisicamente, profundamente, essa dupla constituição do ser humano, ancorado à terra e ao céu, durante alguns minutos.

➤ Fique mais leve...

Criar o vazio é também aliviar o espírito. E, portanto, criar um espaço limpo para poder acolher os momentos de graça. O que deixa você pesada(a)?

Faça uma lista dos pensamentos, responsabilidades, rancores, lutos, culpas... que hoje deixam sua mochila pesada e desviam você do essencial.

- Não me orgulho de ter mentido para a Márcia sobre as compras desta tarde, mas ela fala demais;
- Estou com raiva do João, sempre sou eu que devo me lembrar dos presentes de aniversário dos pais, e sábado, mais uma vez, sou eu que devo me encarregar...;
- Tenho inveja de Sofia, ela emagreceu sem esforço enquanto eu tento há 15 dias...;

–...
–...
–...
–...
–...
–...
–...
–...
–...
–...

Não se trata de adquirir novas virtudes, como a paciência, ou de aprender novas ferramentas, como saber meditar. É preciso antes, e sobretudo, **tomar consciência dos próprios excessos**. Excessos de divertimentos, de pensamentos, de obrigações... Livrar-se do inútil. Felizmente, isso acontece por si só, à medida que avançamos ao longo do caminho.

Nossa tendência é querer fazer mais. No caminho espiritual, tentamos fazer menos. Esse caminho não é o de se ocupar o tempo todo, do desempenho, das provas a serem dadas... Estamos no dom, na gratuidade. Mais fácil de dizer do que fazer, não é?

Uma decisão:

O que você não vai fazer hoje?

....
....
....
....

E amanhã?

....
....
....
....

E depois de amanhã?

....
....
....
....

Breve momento de introspecção

Pegue sua caneta mais bonita. Escolha uma contrariedade que aconteceu nesta semana e tente acolhê-la como um discípulo. O que ela lhe ensinou? Que virtude você teve de buscar para reagir? Em que seu caminho inicial foi desviado? Você se deixou levar?

➤ Seja discípulo das contrariedades!

No transtorno que acontecer hoje, é o Divino que vem ao seu encontro. "Um dia sem contrariedade é um dia perdido", diz meu pai espiritual, o Padre Alphonse Goettmann. Ele aconselha a mudar a perspectiva e a considerar a contrariedade como um presente do céu. Ao mudar assim o ponto de vista, o que sentimos torna-se interessante, tente!

➤ Pratique a igualdade: um segredo da monja budista Pema Chödrön para abrir seu coração

A prática da igualdade é um meio de se ligar aos outros e de perceber que todos nós estamos no mesmo barco. Não é um segredo para ninguém: todos os seres humanos querem conhecer a felicidade e evitar o sofrimento. Assim como nós, todos querem ter amigos, ser aceitos, amados, respeitados; querem sentir que valorizamos suas qualidades... Como nós, ninguém quer se sentir sozinho, sem amigos, ou tratado com condescendência, nem estar doente, inadaptado ou deprimido.

SEJAMOS TODOS O CENTRO DO MUNDO

O objetivo da prática da igualdade é simplesmente lembrar desse fato sempre que nos encontramos com alguém. Dizemos para nós mesmos: "Como eu, essa pessoa quer ser feliz, ela não quer sofrer". Podemos fazer essa prática ao longo de todo o dia, durante uma hora ou apenas por quinze minutos. Essa experiência retira a barreira da indiferença perante a alegria ou a dor do outro. Então, seria bom se esforçar para meditar sobre o que existe de comum entre nós e o outro. Na alegria e na dor, somos todos iguais. Isso parece um lugar-comum, mas quando a mensagem nos percorre, percebemos que é muito potente.

Não somos o centro do mundo. Reconhecer que compartilhamos nossa condição humana com alguém cria um vínculo íntimo surpreendente. O outro começa então a fazer parte da família.

Breve momento de introspecção

Sinto-me igual aos outros?

Em relação a quem tenho um sentimento de superioridade? E de inferioridade? Tente "escavar" esses sentimentos. De onde eles vêm? Do que me protegem? Será que há um meio de fazê-los evoluir, nem que seja um pequeno passo?

A consciência é a luz que guia nossos passos no caminho espiritual. Ganhar consciência é incontornável.

➡ Torne-se pobre de espírito por um instante

Você está disposto a continuar a criar o vazio e a se despojar? No "Sermão da montanha", Jesus diz à multidão: "Felizes os pobres de espírito, pois deles é o reino dos céus". O que é se tornar pobre de espírito? Deixe para trás tudo ao que você se agarra, bens materiais, ideias, crenças. Em outras palavras, confortos, certezas. Não se considere como o centro do mundo, mas como uma parte dele.

Breve momento de introspecção

Faça uma lista de seus confortos e certezas (Não hesite em reservar um bom tempo para esse exercício, pois posso dizer por experiência própria que a lista é quase infinita...)

-
-
-
-
-
-
-
-
...

É estranho, não? Tomar consciência de todas essas crenças! Por exemplo, daremos de boa vontade um objeto, um vestido, um livro que nos é caro, mas nos recusamos a ceder em nossas ideias numa conversa espiritual ou política...

Ter razão...

Depois desse tempo de lucidez (que deve ser refeito com frequência para manter um olhar claro sobre si), você está pront(a) para passar à próxima prática e largar aquilo a que você se agarra.

Feche bem os dois punhos quando inspirar. Na expiração, abra-os e solte tudo aquilo a que não quer renunciar. Faça isso três vezes seguidas, e com frequência. Pois nossas intenções dão a cor do dia, de nossa vida...

Por fim, assimile esta aspiração:

> **"Que eu seja capaz, um dia, de abrir meu coração um pouco mais do que consigo hoje."**

Essa abordagem é desprovida de crítica e de autorrecriminação. Ela expressa simplesmente o desejo sincero de crescer.

"Sorria, respire e vá lentamente."

Thich Nhat Hanh, monge budista

3. Refugiar-se no silêncio

Exercício após exercício, a vida começa a circular de outra forma, seu ser palpita. Só falta convidar o silêncio... É o ninho do Divino.

Hoje, é preciso falar para existir, para provar que temos coisas a dizer. Mas, para encontrar o Divino, é simplesmente o contrário: é preciso entrar no silêncio. O barulho o faz fugir. E descobrimos, maravilhados, ao praticar o silêncio, que ele não precisa ser "criado", que ele já está aí. **O silêncio é uma palavra.** Uma palavra que (a) convida a escutar o que se passa bem lá no fundo de seu coração, a descobrir a presença, a fazer uma faxina nos pensamentos, nas imagens, nos desejos que assaltam sua interioridade. Então o Divino adquire vida em você, e sua presença (a) transforma.

Interrompa sua leitura. Tente agora, aqui, caso sinta que é o momento. Existe em você um ponto de inércia e de estabilidade original. Sentar-se. Contactá-lo. Senti-lo. Ouvi-lo. Ceder-lhe pouco a pouco o lugar, todo o lugar. E a confiança se manifesta, bem como a vida e você... Você é tão mais vasto do que seu envelope corporal... Talvez ainda não esteja pronto ou ainda agitado demais para se refugiar por um instante no silêncio. Nesse caso, recorra ao seguinte exercício:

➡ Grite a plenos pulmões

Antes de ser abraçado pelo silêncio, você pode começar com um exercício diferente e muito libertador: gritar bem alto. Soltar-se realmente por dois ou três segundos é o bastante. A gente se esvazia, se livra de tudo o que tem no coração.

➡ Crie o silêncio e passe da cabeça ao coração

Antes de sair para viajar, os russos têm um belo costume. Eles se sentam por alguns instantes em silêncio. Como para apaziguar a respiração, recolher o coração. Faça o mesmo. Sente-se, pense em você, desça até seu coração e seu corpo. O caminho será longo, e na busca de Deus o repouso precede a aventura. Outro repouso espera por você, mas agora não pense nisso. Agora, pare de se agitar. Fique um pouco, só um pouquinho imóvel. Aguce assim seus ouvidos e seu coração. Será difícil. Acalme sua impaciência. Você não vai apagar um incêndio, está esperando por Deus. Lentamente, tire uma de suas roupas, como para um banho no verão. Não tenha pressa."

Jean-René Bouchet, *Si tu cherches Dieu* [Se estás buscando a Deus]

31

➡ Deus é quando dizemos "Uau"!

O Divino está no silêncio. Está também no belo, sobretudo no simples. O maravilhamento é uma porta de entrada real... A palavra "maravilhamento" vem do termo "**mirabilia**", a união da palavra "**milagre**" e do verbo "**admirar**".

"O sol não julga ninguém, ele ilumina todos os caminhos."

Charlène Guinoiseau, *Petite philosophie pour grandir*, [Pequena filosofia para crescer], Éditions First

Maravilhar-se não é apenas descobrir, é também redescobrir essas coisas que você não vê mais, de tanto que está habituado a elas. "O que temos constantemente diante dos olhos, acabamos por esquecer", dizia Einstein. Quantas vezes você olha o mundo com olhos entediados, com a sensação de ter perdido seu entusiasmo natural e sua alegria de viver?

Agora você está pronto para um passeio ao ar livre.

QUE PRAZER EM REVÊ-LO

➡ Passeie!

Uma maneira simples de praticar o silêncio é sair para passear na natureza e prestar atenção em sua respiração, em seu corpo, em seus cinco sentidos. Estar simplesmente ali, na percepção. **A vida começa a falar, a terra, o sol, o ar, as árvores, tudo vibra**. E você também... É uma meditação pelo sentir, do exterior para o interior, de nossa superfície para a profundeza.

Deixe o lugar penetrar em você, esqueça os detalhes de sua vida, dedique um tempo para sentir seu lugar na natureza. Você é feito dos mesmos elementos do que está à sua volta, você faz parte de um grande todo, de um grande ciclo. Não podemos sentir e pensar ao mesmo tempo. Faça essa experiência: se realmente se concentrar no vento roçando sua pele durante o passeio, você não conseguirá pensar. Em contrapartida, **é hora de experimentar a "sensação do Divino"**.

Ouça o silêncio. Mesmo em meio ao barulho, você pode ouvi-lo. E mesmo no silêncio, se prestar atenção, você ouvirá um "outro" silêncio misturado. Se perceber pensamentos ao passear, o que não é um problema, retorne tranquilamente à percepção. Não se trata de se concentrar ou de esvaziar a cabeça... mas de estar presente em si mesmo aqui

33

e agora, de sentir seu vínculo com a natureza e as pulsações de vida em nós e em torno de nós. **Presente em seu corpo, em sua respiração, penetre no silêncio interior, no silêncio do coração, e disponha-se a se deixar encontrar.**

Se procurar se concentrar, você estará fazendo um esforço de vontade, um esforço de controle, e isso d(a) distanciará do estado de disposição interior que você está buscando. É simplesmente se tornar presente, na profundidade da percepção, gratuitamente, sem nada querer ou procurar. **Não há nada a perder ou a ganhar.** Simplesmente estar ali, presente e acolher. Uau!

ENTRE! SINTA-SE EM CASA.

Breve exercício prático

O jejum da palavra nos religa diretamente com o coração. Dar-se uma hora por dia de silêncio (não é fácil). Coloque em sua agenda para esta semana!

34

"Quando dedicamos tempo para olhar e admirar, cuidamos da alma antes de liberar uma verdadeira generosidade."

Bertrand Vergely

➤ O silêncio dos sentidos

Há o silêncio dos ouvidos, é claro... Mas uma verdadeira disciplina dos olhos é também importante: entre todas as imagens que você recebe, sua decisão pode ser a de se libertar daquelas que está guardando. E até aprender a não olhar aquelas que se revelam nocivas... ou simplesmente fúteis. Estamos falando do jejum dos olhos, cuja tendência é se alimentar demais, e até se empanturrar com qualquer coisa.

Breve momento de introspecção

Para tomar consciência, faça uma lista das imagens nocivas ou inúteis (televisão, revista, internet, leituras idiotas...) com as quais você regularmente se confronta e às quais poderia renunciar (pelo menos de vez em quando)...

- ....
- ....
- ....
- ....
- ....
- ....
- ....
- ....
- ....

As pessoas "viciadas" em música, em televisão no último volume ou aquelas que ouvem de bom grado os boatos maledicentes e os rumores poderão também fazer um jejum dos ouvidos. Outras têm uma sensualidade desenfreada e obsessiva... Cada um de seus sentidos tem um ruído que interfere no Divino. Cabe a você identificar os sentidos que usa bem e aqueles que usa excessivamente ou de maneira incorreta.

Suas (boas) ideias!...

Agora, está na hora de se calar. **Escutemos o anjo passar no silêncio.**

SEGUNDA PARTE
Ao encontro do Divino

> "Penso que o tecido da vida é profundamente concreto. Inclusive o espiritual. Inclusive o que podemos chamar, acertadamente, 'o outro mundo' — que está misturado ao nosso, como a palha está trançada sobre a cadeira. Não se pode desemaranhar. É concreto."
>
> Christian Bobin[3]

VOCÊ É, PORTANTO EU SOU

1. Ao encontro do Divino no outro

Você é, portanto eu sou. Poderíamos recopiar incansavelmente essa frase de Satish Kumar para que ela entre em nosso coração, em nossa medula, em nossa pele, para que não a esqueçamos jamais. Pois o Divino está em você, diante de mim, e não o vejo.

Escreva cada letra desta frase:

"Você é, portanto eu sou", com uma cor diferente para que se torne bela como as pequenas bandeirolas tibetanas coloridas que voam ao vento, bandeirolas de prece e de alegria compartilhadas.

---

3. Para a revista *Nouvelles Clés*.

Enquanto que "na vida do mundo" nossa tendência é dizer "primeiro eu", quem está no caminho espiritual aprende a dizer "primeiro você". "Eu" quero passar depois de "você".

É algo que vai muito além do fato de simplesmente não dar cotoveladas para ser o primeiro. **Você primeiro. E meu ego não deve falar mais alto!**

Um discípulo não faz distinção entre amar e servir. Você é, portanto eu sou. Não sou nada sem os outros. A vida do discípulo não se vê em torno de um umbigo e de uma pequena biografia, mas na mão estendida.

PASSE,
EU FICO ATRÁS.
ISSO ME FAZ CRESCER.

"É preciso saber se afastar para que o outro possa passar."

Provérbio africano

38

Breve exercício prático

Você é a única pessoa que pode decidir seu estado de ser. Então? Vai ser feliz ou infeliz hoje? Esta semana? Este mês? Este ano? Em sua vida?

E se, amanhã, você decidir observar tudo que seus filhos fazem/fizeram de bom, tudo que seu(sua) companheiro(a) faz/fez de bom, tudo que seu patrão faz/fez de bom?

Eu olho tudo o que ....
.... tem de belo, de bom, de bem, faz bem.
Guardo esse traço do Divino aqui:

....
....
....

E se eu mantivesse um pequeno diário com todas as boas coisas da minha vida?

Tente, anote tudo o que lhe agrada em seu dia, em seu casamento, em sua solidão, em seus pais, em sua vida... Tudo o que você faz bem, tudo o que aprecia, todas as "grandes oportunidades" que você teve, todas as "belas coincidências" que aconteceram.

➤ Na maioria das vezes, os pais são as pessoas que mais criticamos. Inverta essa tendência! **Escreva uma carta a seu pai, outra a sua mãe** para agradecê-los. Por aquilo que em você depende deles. Por aquilo que recebeu deles, uma qualidade, um estado de espírito, um talento, um valor... ou tudo isso ao mesmo tempo.

O Padre Porfírio, um santo ortodoxo, preconiza, quando temos uma coisa desagradável a dizer a uma pessoa, **pedir a seu anjo da guarda e convidá-lo a falar com ela** por meio de uma leitura, um encontro... Ela ouvirá a mensagem bem melhor do que por nossa boca, e com certeza será muito mais sutil...

Tente se lembrar de um momento relacional difícil. **E faça as pazes com ele em seu coração.**

EU ME DESCARREGO

Se pudesse ter feito melhor, você o teria feito. Por que duvidar disso?

Se o outro tivesse podido fazer melhor, teria feito. Por que duvidar disso?

Talvez você pudesse, o outro também.

Mas é preciso liberar esse lugar ocupado em seu coração. Essa pedrinha conflitual deve ser devolvida ao rio.

Deixemos de olhar nossa vida pelo retrovisor, levantemo-nos, estejamos vivos, aqui e agora, em paz com o passado, com o que é e com o que nos espera. A vida é somente bondade, do que ter medo? Enquanto nossa psiquê estiver pesada, nosso espírito sofre para expressar o Divino que nos habita. E nos espera.

Conto de sabedoria ameríndio:

O ódio esgota

Naquele tempo, um jovem indígena e seu avô gostavam de passear sob o sol até a beira de uma grande falésia. Ali onde havia crescido uma árvore gigantesca e tão velha que viu nascer o tataravô do trisavô do avô de nosso pequeno indígena.

— Você sabe, Waka, bem no fundo de mim tem um grande combate que atormenta.

Sem muita certeza de compreender o que o avô lhe dizia, Waka arregalou os olhos. Contente com o efeito causado, o avô continuou:

— Sim, no fundo de minha alma dois grandes lobos se engalfinham. Dois lobos gigantescos.

— Os olhos do menino se arregalaram ainda mais, pois estava fascinado pelas palavras do avô.

— Mas avô, por que eles se engalfinham?

— Porque não entram em acordo, são dois lobos muito fortes, sabe. Um é branco, é o amor, a compaixão, a inspiração, a sabedoria, o altruísmo, a bondade. O outro é preto, é o ódio, a avareza, a dúvida, a ignorância, o egoísmo, a maldade.

— Mas esses lobos se engalfinham o tempo todo?

— Sim, nunca há trégua, e além disso, eles também se engalfinham dentro de você.

— Dentro de mim?

— Sim, dentro de você! E no interior de cada pessoa que você cruzará nesta terra.

— Mas então me diga, avô, você que sabe tantas coisas... Qual lobo vai ganhar a luta? Você sabe?

E então, o avô refletiu um pouco e disse:

— **Aquele que você alimenta, meu menino...**

➤ O jogo do anjo: prestar serviços invisíveis

> "Amar é dar tudo, e dar a si mesmo."
>
> Thérèse de Lisieux

Cada um de nós tem um anjo da guarda que o protege de si mesmo (que tenta...!).

Podemos fazer a experiência, durante uma semana, de ser o anjo da guarda de alguém querido. Como fazer isso? Primeiro, escolha quem você quer acompanhar.

Faça uma lista dos rostos.

- ....
- ....
- ....
- ....
- ....

Depois, pense em alguns pequenos gestos, deixe-os amadurecer e então comece a agir. Claro que a ideia não é receber cumprimentos pela sua gentileza no decorrer da semana, mas ser um anjo invisível.

43

A pessoa escolhida se sente envolvida e as coisas acontecem "como por acaso". Por exemplo: o casaco dela cai, e é recolhido assim que ela se vira. Escolhemos um "presente" imaterial por dia (propor ir ao mercado assim como quem não quer nada, dar um telefonema administrativo que se arrasta e incomoda...), e tentamos estar atentos aos pequenos detalhes que lhe dizem respeito. A cada semana, você pode resolver ser o anjo da guarda de uma pessoa diferente. **O dom, sem nada esperar de volta, é o amor elevado ao máximo.**

Esta semana, sou o anjo de:

- Presente da segunda-feira:

- Presente da terça-feira:

- Presente da quarta-feira:

- Presente da quinta-feira:

- Presente da sexta-feira:

- Presente do sábado:

- Presente do domingo:

"É mais agradável dar do que receber."

Epicuro, filósofo grego

➥ A vida é uma escola de amor

Deus está em seu coração e ali espera por você. Até a Bíblia nos diz esta coisa inacreditável de ouvir: "Se seu coração o condena, Deus é maior do que seu coração..."

No fim de sua vida, só uma pergunta lhe será feita: **como você amou?**

A vida é a escola onde se aprende o amor...

➥ Abençoar, uma energia divino-humana

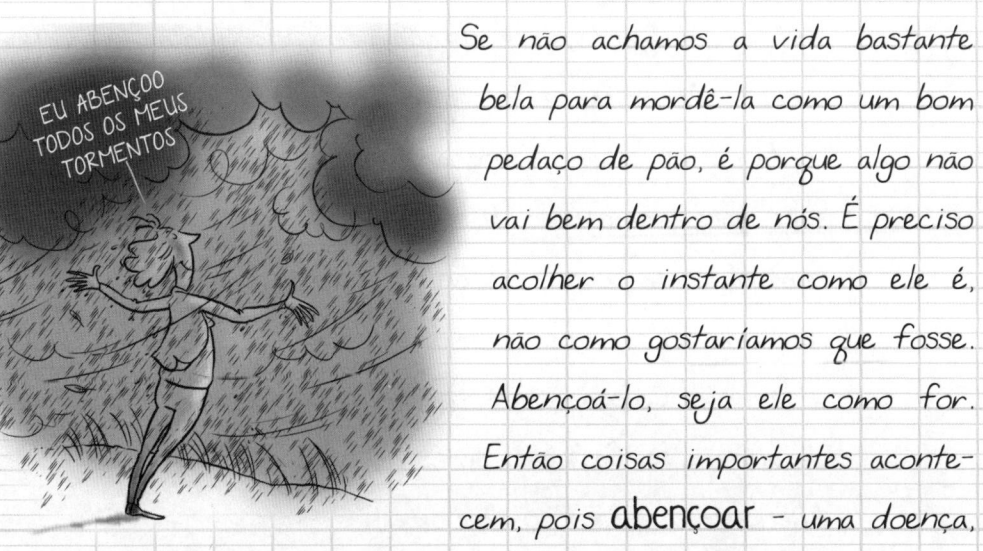

Se não achamos a vida bastante bela para mordê-la como um bom pedaço de pão, é porque algo não vai bem dentro de nós. É preciso acolher o instante como ele é, não como gostaríamos que fosse. Abençoá-lo, seja ele como for. Então coisas importantes acontecem, pois abençoar - uma doença, algo que não compreendemos, uma pessoa que deixa de nos amar, um sofrimento que nos força a ficar na cama... - é iluminar o inferno, é sair de **45** nossas prisões e da felicidade condicionada.

Nossos pensamentos, nossos gestos, nossos olhares deveriam ser bênçãos, dia e noite. É um verdadeiro combate contra nossa sombra. Abençoar uma pessoa que nos contraria, nos fere, nos humilha... é excluí-la por um instante do resto da criação. É pedir ao Divino de fazer por ela - dizer coisas boas - o que nós mesmos não sabemos fazer. É uma maneira de dizer "**hoje, não julgarei**". Nada pesa mais em nossa vida espiritual do que o julgamento. De tanto abençoar, não julgamos mais os outros, mesmo em pensamentos. Nós os deixamos ser, simplesmente.

Se você abençoa o instante presente, e tudo o que ele contém, indiferentemente, você chega ao topo daquilo de que o homem é capaz. Abençoar tudo o que vem contra você, o que se apresenta ao seu olhar. **Abençoar tudo**. A esposa cansada, o patrão execrável, o ambiente de trabalho, o adolescente barulhento, o namorado um pouco diletante... Isso se torna uma maneira de ser, um estilo. É a escolha de se levantar de manhã de forma diferente. Colocaríamos **fogo no mundo, um fogo de amor e de alegria**, se fôssemos seres de bênção.

Abençoar é a vocação do homem.

➡ Esta manhã, ao se levantar, em seu coração, abençoe todos aqueles e aquelas com quem você irá cruzar durante o dia. Programe-se também para olhar o outro, todos os outros, como belas paisagens.

Deveríamos ser capazes de nos dirigir ao Divino no outro, não ao outro. Não temos o hábito de falar com o Divino, com o grande "vivente" no outro. Mas o que conta é pensar nisso da próxima vez, ou na outra... Esquecer, se lembrar, esquecer, se lembrar... e, dessa maneira, adquirir lentamente o reflexo de olhar a beleza do outro, o Divino nele.

Somos obras-primas do Divino, verdadeiros ícones.

EU O ABENÇOO E QUERO SEU BEM.

Breve momento de introspecção

Esta semana, escolha uma pessoa ou um evento que você poderia abençoar em vez de amaldiçoar. Você pensará nisso várias vezes ao longo do dia.

Eu a abençoo, e quero seu bem.

A bênção cura a relação, ela a eleva.

Exercício de relaxamento

A língua está a serviço do pensamento, daquele que abençoa como daquele que amaldiçoa. Você só diz palavras de amor, não é? Regularmente durante o dia, lembre-se de relaxar a língua (enrolá-la e desenrolá-la três vezes). Depois cuide dos maxilares, sempre prontos para morder. Abra a boca ligeiramente, relaxe os maxilares, feche. Três vezes em seguida.

47

→ Infinitamente obrigado(a)

> "Se você agradecesse a Deus por todas as alegrias que Ele lhe dá, não sobraria mais tempo para se lamentar."
>
> Mestre Eckhart

Pudicos demais, egocêntricos demais ou apressados demais, esquecemos com demasiada frequência os sorrisos, as palavras e os gestos recebidos e deixamos os agradecimentos para mais tarde. A **gratidão é um estado que podemos escolher, alimentar, deixar crescer.** Devolver o justo lugar à gratidão é uma decisão a ser tomada. É um estado de consciência e de abertura a tudo o que é. Ele vem de nosso coração, não de nosso mental ou de uma boa educação!

...E OBRIGADO(A) POR TUDO!

Escreva seu reconhecimento

Nada nos é devido, tudo é dom. Assim, a ingratidão não é deixar de dizer obrigado(a), é a recusa de **reconhecer o bem que acontece em nossa vida.**

Como numa lista de compras, anote num caderno todas as razões que você tem para agradecer à vida: agradeça pelo que você é, agradeça pelo que tem, agradeça por as coisas serem como são.

Agradeça pelo que o Divino fez em sua vida e pelo que ele está fazendo.

- ....
- ....
- ....
- ....
- ....

Celebrar é viver em plenitude um evento, dar-lhe todo seu relevo. Que evento você poderia celebrar com um ou com vários amigos?

O pequeno ateliê de escrita

Faça uma lista dos dias do ano que são extraordinários, ou que você gostaria que fossem, ainda que eles pareçam não ter importância. Como se os marcasse com uma pedra branca. Escolha um em que viveu um belo momento e agradeça a Deus por esse dia. Creio que este poderia ser um belo caderno para ser relido quando estiver triste...

"Quando você se levanta de manhã, agradeça pela luz do dia, pela sua vida e pela sua força. Agradeça pelo alimento e pela felicidade de viver. Se não achar razão para agradecer, a culpa está em você."

Tecumseh, chefe dos Shawnees

O pote da gratidão

Recopiar ou recortar os textos abaixo, colocá-los num pote de vidro, tirar um deles todas as manhãs e colocá-lo em prática durante o dia.

Hoje, eu me apoio numa árvore e me junto a ela. Eu a olho, eu a respiro, deixo-me invadir pela sua imensidão.

Hoje, entro num lugar sagrado.

Hoje, dou um pouco do meu tempo a alguém.

Hoje, faço três cumprimentos sinceros.

Hoje, vejo o Divino até mesmo naquilo que me incomoda.

Hoje, eu me livro do inútil.

Hoje, ouso uma liberdade nova.

Hoje, sou o anjo de uma pessoa do meu entorno.

Hoje, sou uma linda pessoa.

Hoje, ofereço meu dia ao Divino.

Hoje, considero uma contrariedade como um presente.

Hoje, abençoo o Divino presente na beleza.

Hoje, olho o outro como uma paisagem.

Hoje, escrevo um bilhete, um cartão-postal, com uma frase gentil ou uma bela citação para alguém.

Hoje, sou grato pelo meu dia.

Hoje, abençoo o invisível presente no visível.

Hoje, procuro um belo texto espiritual (numa biblioteca, na internet...).

"Quando compreender a que ponto tudo é perfeito, você olhará para o céu gargalhando."

Buda

Hoje, abençoo interiormente uma pessoa que me irritou.

2. Mergulhar na interioridade; centrar-se, conectar-se ao Divino que habita em você

> "Deus, meu caro, é tão simples quanto o sol. O sol não nos pede para adorá-lo. Ele apenas nos pede para não o tapar e para deixá-lo passar, deixar acontecer."
>
> Christian Bobin, *Tout le monde est occupé* [Todo mundo está ocupado].

➤ **Crie um canto em sua casa para acolher o Divino**

• Delimite um espaço sagrado em sua casa. Pode ser um cantinho no seu quarto. O essencial é dispor de um lugar para desenvolver regularmente sua consciência pela contemplação, pela meditação, pela prece ou pela leitura de textos espirituais.

• Arrume esse espaço de maneira agradável e confortável. Incenso, vela, imagem sagrada, almofada de meditação... cabe a cada um encontrar os elementos que vão "materializar" o espaço. Um pequeno detalhe que é importante para você, como acender uma vela para manifestar a Presença, basta. Mas não se esqueça dos livros sagrados. São eles que vão "falar" com você. Todo o resto é apenas decoração.

• Observe o silêncio, medite sobre um texto ou uma situação, formule um pedido a Deus ou ao Universo. O importante é

que esse encontro se torne regular e lhe dê a ocasião de deixar aquele ou aquela que, em você, não tem o hábito de se expressar: aquele ou aquela que se encontra para além de seu ego.

Sopro divino

Para ajudá-lo, a todo momento, a ficar em silêncio, a se acalmar, a se concentrar, a meditar, a rezar, seu aliado mais precioso é a respiração. É para ela que você deve retornar assim que sua mente divagar. É ela quem serve de farol, de cajado de peregrino. Há tantas lições a receber da respiração...

A respiração é o meio mais poderoso de se conectar com o instante presente. Um dos conselhos mais simples dados aos iniciantes é de várias vezes durante o dia reservar um tempo para respirar por dois ou três minutos completos: é mil vezes melhor voltar sua atenção para a respiração do que para suas ruminações!

Prática

Concentre-se, de maneira consciente, na porta de suas narinas (área em triângulo que vai da ponta do nariz, englobando as narinas, até o lábio superior). A comparação muitas vezes utilizada é a do serrador: ele não se concentra na totalidade da lâmina da serra, mas no ponto onde esta ataca a madeira. Atento, você inspira. Atento, você expira. Observe sobretudo sua respiração nessa área. Não procure modificar sua respiração: contente-se em observá-la, lenta ou mais rápida, acalmando-se pouco a pouco.

➜ Sente-se num espaço de culto

Escolha um espaço de culto que corresponda à sua sensibilidade e passe ali um momento. Não há ninguém, mas uma calma impressionante paira ali.

Impregne-se das vibrações do lugar, solicite seus sentidos, saboreie a qualidade do silêncio. Seu coração se alarga. Você pode tentar se conectar com aqueles e aquelas que já vieram a esse lugar para se calar ou falar com o

Divino num coração a coração. Nós "sentimos" às vezes que um santo anônimo rezou aqui...

Sinta todas as preces que preenchem esse espaço e alimentam sua energia. Deixe tudo isso atravessá-lo. Você está no puro presente, você está na eternidade...

➡ Medite, escreva

O caderno é um precioso companheiro do caminho espiritual. Tanto para os iniciantes como para os mais avançados. Pois nossa transformação - nossa divinização - não deveria conhecer repouso. Nem relaxamento. E porque escrever permite percorrer novamente as etapas e as "**centelhas de Deus**" muitas vezes sutis que recebemos, anotamos e esquecemos... O caderno nos ajuda a remexer nossa terra interior. Você pode então começar um caderno ou um caderninho novo em folha para continuar a experiência iniciada aqui...

Para começá-lo, eis uma prece sublime que vai encorajá-lo. E isso é necessário, pois o caminho espiritual não é um caminho de rosas. É um caminho que exige disciplina e amor, amor e disciplina.

"A guerra mais difícil é a guerra contra você mesmo.
É preciso ser capaz de se desarmar.
Travei essa guerra durante anos, ela foi terrível.
Mas estou desarmado.
Não tenho mais medo de nada, pois o amor expulsa o medo.
Estou desarmado da vontade de ter razão,
de me justificar desqualificando os outros.
Não estou mais na defesa, agarrado zelosamente às minhas riquezas.
Acolho e compartilho. Não me apego particularmente
às minhas ideias, aos meus projetos.
Se me forem apresentados outros melhores, ou talvez nem tão
melhores, mas bons, aceito sem arrependimento.
Desisti da comparação. O que é bom, verdadeiro, real,
é sempre para mim o melhor.
É por isso que não tenho mais medo.
Quando não temos mais nada, não temos mais medo."

Atenágoras, patriarca grego

SEM NADA,
NÃO TEMO
MAIS NADA.

Essa prece, que nos convida a lutar para sermos os primeiros a nos desarmar, permaneceu anos fixada em minha parede...

56

➡ Pratique um olhar claro sobre você

O Divino está em tudo. Então por que eu vivo como se ele não estivesse aqui, como se ele não me aguardasse em cada acontecimento? Como conseguir abrir caminho em direção à vida para além da vida? A tradição e os Padres do Deserto nos dão um método para discernir o Divino que se manifesta de instante em instante: o exame regular de nossa vida. **Esse olhar minucioso sobre si é um instrumento da mudança.**

Toda pessoa é chamada à vida, mas como é que eu respondo a esse chamado? Como me ajusto cotidianamente a esse chamado? O olhar claro sobre si é também chamado de exame de consciência.

Trata-se de esmiuçar a cada noite o seu dia. De dimensionar nossos feitos e gestos, de não ocultar nada de si mesmo (perseguir, por exemplo, todos os pensamentos dissimulados do dia), de não deixar passar nada. Para curar, é preciso saber que está doente... Precisamos perceber em nosso dia o quanto nos contentamos, e nos apaziguamos, com o finito. Ao passo que a consciência humana tem a intuição de que ela avança na direção do infinito.

As etapas do método:

1. Agradecer, dar graças pelas benesses recebidas durante o dia. É o começo de qualquer discernimento. Para dar graças, seja bem preciso.

- ....
- ....
- ....
- ....
- ....
- ....
- ....

2. Pedir ao Divino que me ofereça sua luz para que eu conheça os sinais que ele me deu durante o dia. Isso pode ser propensões, pulsões, desgostos...

....
....
....
....
....
....
....

3. Rever meus pensamentos, minhas palavras, minhas ações. Isso permite tomar consciência do que aconteceu durante o dia. Como o Divino bate à minha porta? O amor acontece de minuto em minuto em nossas vidas… Em que momento não percebi o amor?

. . . .

. . . .

. . . .

. . . .

4. Pedir perdão ao Divino.
Quais foram minhas múltiplas traições ao longo do dia? Amei os outros como eles são? Perdoar também os acontecimentos. De modo que, dia após dia, o ego encolhe…

. . . .

. . . .

. . . .

. . . .

5. Como eu vejo o futuro próximo? Deixar crescer em mim a atitude que gostaria de ter amanhã, para um encontro, um reencontro…

. . . .

. . . .

. . . .

. . . .

Os grandes santos valorizavam mais o olhar claro do que a prece. Pois esse olhar permite, no futuro, não passar mais por movimento desordenado, desregrado, sem nem perceber, e se reorientar. O que acaba se tornando um estado contínuo de vigilância.

➡ Carta para Deus

Quando uma situação é problemática, porque temos de tomar uma decisão, ousar falar algo difícil, podemos escrever uma carta para Deus. Podemos até escrever duas, uma com a mão esquerda, outra com a mão direita. Isso permite escrever a partir dos dois hemisférios do cérebro, o racional e o mais sensível, e perder o controle com o qual estamos habituados.

> "Quero penetrar completamente na minha frase. Eu gostaria de mergulhar nela como no mar. Eu gostaria de gritá-la com minha boca. Gostaria que de minha mão saíssem linhas. Eu gostaria de comunicar um calor tal que quem me lê sentirá a força do meu sangue, a vida do meu sangue".
>
> Luc Dietrich, *Fragments inédits*

O teólogo suíço Maurice Zundel encerrava os retiros espirituais que ele dava convidando à alegria ou, mais exatamente,
ele propunha fazer "exercícios" de alegria, de aprender a se
alegrar com tudo aquilo que em nós pode alimentar a capa-
cidade de maravilhamento e de amor. Que meio mais belo
de ir ao encontro do Divino e de fazer da vida uma escola
de amor!

➡ Releia as passagens sublinhadas nos livros espirituais que
   você prefere. Eventualmente, murmure-as ou cante-as;
➡ Passe algum tempo com uma criança ou com um animal;
➡ Fale de maneira incompreensível;
➡ Procure cotidianamente três bons momentos de seu dia;
➡ Sorria para todos com quem cruzar;
➡ Diga com frequência: "Que prazer em revê-l(d)a)";
➡ Festeje os mínimos êxitos, como as etapas bem-sucedidas
   de um projeto bem difícil...;
➡ Não procure mais ter razão, mas ser feliz;
➡ Faça com frequência votos. O Divino ouve tudo. E
   ainda mais quando é enunciado em seu coração!

➡ ...

Sua vez de inventar ou de semear a alegria!

"O que o Divino espera de você,
não é que você seja capaz,
pois este é o trabalho Dele.
O que ele está esperando é seu desejo,
sua vontade de segui-lo.
Agora."

Jean-Marie Gueullette, *Laisse Dieu être Dieu en toi*

[Deixe Deus ser Deus em você]

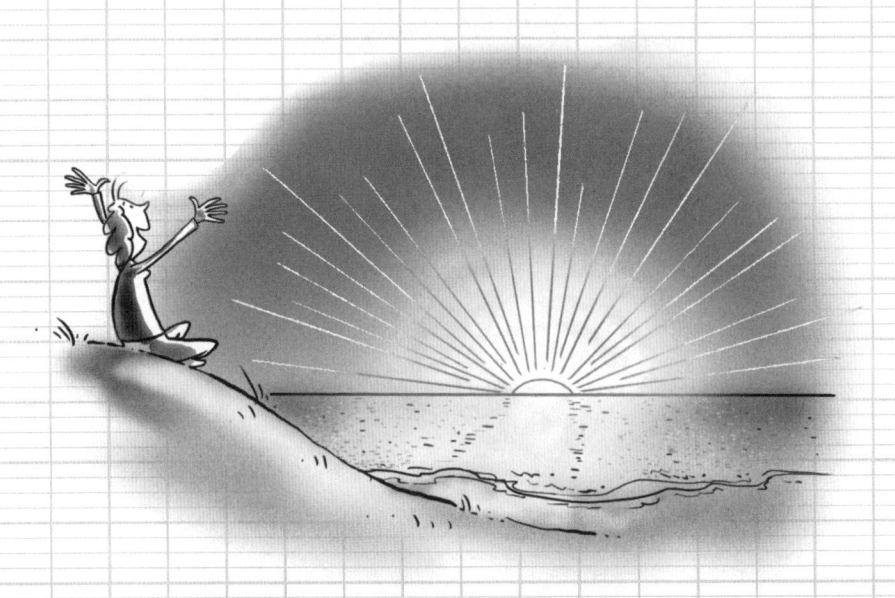

Acesse a coleção completa em

livrariavozes.com.br/colecoes/caderno-de-exercicios

ou pelo Qr Code abaixo

Conecte-se conosco:

f facebook.com/editoravozes

⊙ @editoravozes

𝕏 @editora_vozes

▶ youtube.com/editoravozes

☏ +55 24 2233-9033

www.vozes.com.br

Conheça nossas lojas:

www.livrariavozes.com.br

Belo Horizonte – Brasília – Campinas – Cuiabá – Curitiba
Fortaleza – Juiz de Fora – Petrópolis – Recife – São Paulo

  Vozes de Bolso

EDITORA VOZES LTDA.
Rua Frei Luís, 100 – Centro – Cep 25689-900 – Petrópolis, RJ
Tel.: (24) 2233-9000 – E-mail: vendas@vozes.com.br